Funkelnde Sterne

Funkelnde Sterne

Lassen Sie den Blick über das Bild gleiten. Unsere Wahrnehmung versucht, das Bild zu organisieren und darin ein festes Muster zu erkennen.

Doch sie kann die Zeichen in dieser Abbildung nicht zu einer einheitlich organisierten Struktur zusammenfügen. Eher lassen sich diese Zeichen vielfach gruppieren. Unser Auge sucht jedoch weiterhin nach möglichen Zentren. Deshalb entsteht der Eindruck eines Funkelns.

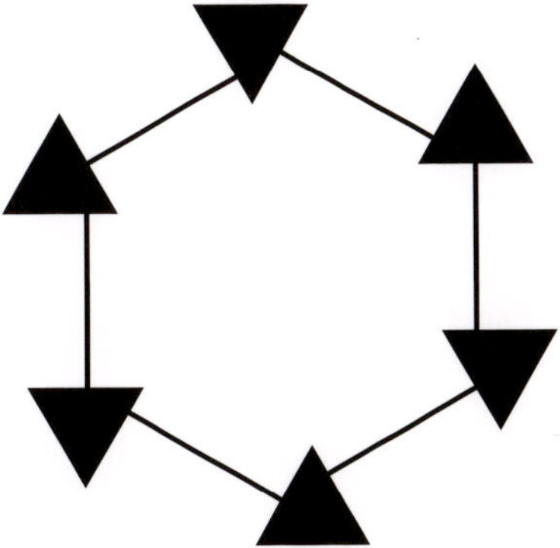

Zusammenhängend?

Zusammenhängend

Die Linien, die sich zwischen den Dreiecken befinden, scheinen unverbunden zu sein. In Wahrheit sind sie die Seiten eines Hexagons.

Durch das asymmetrische Verdecken der Eckpunkte scheint es, als könnten die Linien niemals zu dieser Form zusammenfinden.

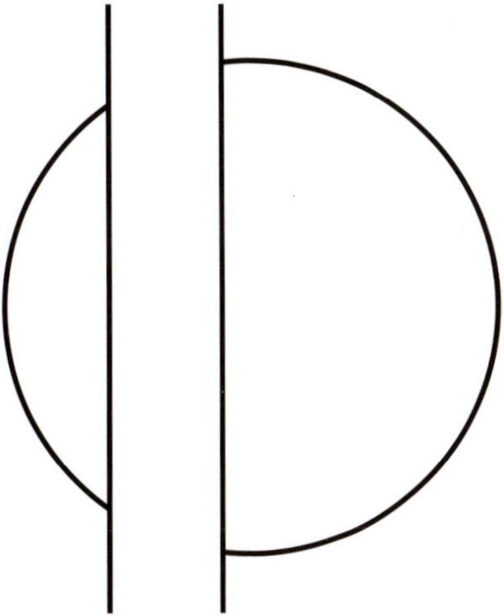

Eingekreist

Eingekreist

Das Auge versucht die Kreislinien in den Lücken miteinander zu verbinden. Gelingt Ihnen das?

Oder kommen Sie zu dem Ergebnis, dass das linke Kreissegment zu einem kleinen Kreis und das rechte Kreissegment zu einem großen Kreis gehört, dass es sich also um zwei unterschiedlich große Kreise handelt? Dann hat Ihnen Ihre Wahrnehmung einen Streich gespielt. Es handelt sich tatsächlich nur um einen Kreis.

Hoch oder runter?

Hoch oder runter?

Sehen Sie zuerst die Aufwärtspfeile oder die Abwärtspfeile?

Beides ist möglich, denn die Pfeile geben sich gegenseitig ihre Form.

Der Schimmelreiter

Der Schimmelreiter

Sind hier Papierfetzen verstreut worden? Oder haben Sie auf den ersten Blick den Reiter erkannt?

Unsere Wahrnehmung wird durch uns bekannte Muster gesteuert. Das gibt uns die Möglichkeit, in abstrakten Bildern konkrete Formen zu erkennen. Dieses Phänomen ist uns aus Wolken- und Schattenbildern bekannt.

Krummer Lattenzaun?

Krummer Lattenzaun?

Die Latten sehen so gebogen und schief aus, als hätten sie zu lange im Regen gestanden. Doch die scheinbar gebogenen Latten sind in Wirklichkeit gerade.

Die pfeilartig angeordneten Linien auf den Latten bewirken beim Betrachter die Illusion einer Krümmung.

Aus zwei mach drei

Aus zwei mach drei

Nehmen Sie die Karte und halten Sie sie waagerecht in Augenhöhe vor Ihr Gesicht, so dass die obere Seite in den Raum zeigt.

Fixieren Sie die Linien mit beiden Augen und Sie werden sehen, dass eine dritte Linie erscheint.

Wahre Größe

Wahre Größe

Welches Quadrat ist größer?

Bringt man ein Quadrat durch eine Drehung von 45 Grad in die Form eines Karos, erscheint dieses im Vergleich größer. In Wahrheit sind beide Quadrate gleich groß.

Der Effekt entsteht dadurch, dass die Diagonalen mehr Raum einnehmen.

Verschachtelt

Verschachtelt

Wie viele ineinander geschachtelte Quadrate sehen Sie? Tatsächlich gibt es kein einziges Quadrat. Was Sie hier sehen, ist eine eckige Spirale.

Die Täuschung kommt dadurch zustande, dass es unseren Augen leichter fällt, eine quadratische Form zu erkennen als dem genauen Verlauf einer Linie zu folgen. Selbst wenn Sie mit dem Finger die Spiralbewegung nachzeichnen, fällt es schwer.

Kissen-Gewölbe

Kissen-Gewölbe

Die Abbildung erzeugt den Eindruck einer dreidimensionalen Wölbung. Man kann sie als Innen- oder Außenwölbung wahrnehmen.

Der dreidimensionale Effekt entsteht durch die kontinuierlich zu den Ecken hin kleiner und schmaler werdenden Rechtecke.

Impressum

moses. Verlag GmbH
Arnoldstraße 13d
47906 Kempen
Fon 0 21 52 – 20 98 50
Fax 0 21 52 – 20 98 60
Mail info@moses-verlag.de
www.moses-verlag.de

Optische Illusionen: 100 Rätsel & Täuschungen
ISBN 978-3-89777-846-7

Text & Illustration: Britta Waldmann und Tobias Bungter
Innengestaltung: Boris Kauer & Heiko Voss. Typocepta, Köln
Satz: Kirsten Küsters, PrePressPro
Box-Design: typocepta, Wilhelm Schäfer, Köln
Abdruck des Lingelbach-Gitters mit freundlicher Genehmigung von Herrn Prof. Dr. Bernd Lingelbach.

Die Karten dieser Ausgabe sind inhaltsgleich mit denen aus
Pocket Quiz: Optische Illusionen. ISBN 978-3-89777-039-3
Pocket Quiz: Mehr optische Illusionen. ISBN 978-3-89777-267-0

Printed in China

Wissen in seiner schönsten Form

Allgemeinwissen:
300 Fragen & Antworten
ISBN 978-3-89777-845-0

Optische Illusionen:
100 Rätsel & Täuschungen
ISBN 978-3-89777-846-7

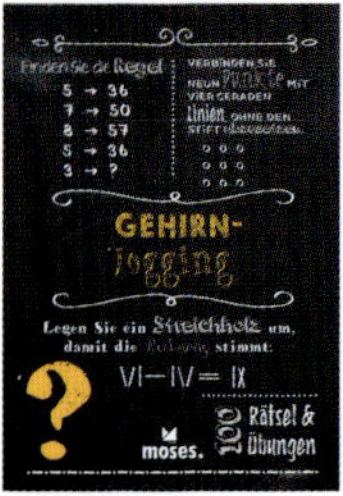

Gehirnjogging:
100 Rätsel & Übungen
ISBN 978-3-89777-847-4

moses.

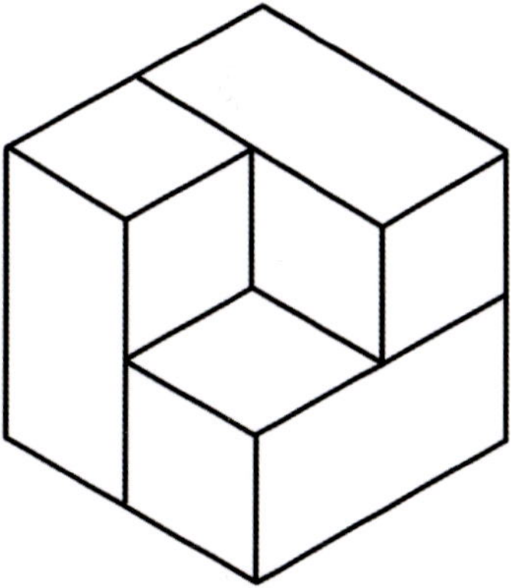

Ecke ab?

Ecke ab?

Diesem Würfel fehlt eine Ecke. Aber wenn man genau hinschaut, sieht man, dass es auch anders sein könnte: Ein kleiner Würfel liegt noch vor dem großen. Eine Figur mit Wechselwirkung.

Was ist das?

Was ist das?

Deutlich sieht man eine schwarze Figur vor weißem Hintergrund. Wenn man ganz genau hinschaut, erkennt man schnell und deutlich den Buchstaben E. Wenn man das Bild einmal entschlüsselt hat, sieht man immer wieder den Buchstaben. Es ist jetzt nicht mehr möglich, zum ursprünglichen Zustand zurückzukehren und nur eine Figur zu sehen.

Dieses Phänomen, auf dem das so genannte „Vexierbild" beruht, basiert auf unserer Wahrnehmung von Vorder- und Hintergrund.

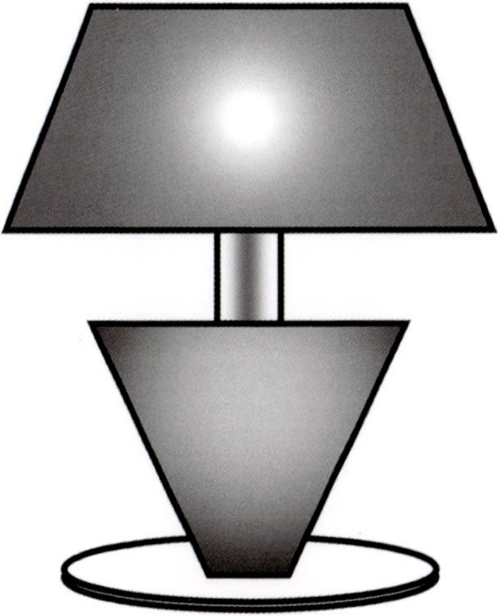

Die Lampe

Die Lampe

Was ist größer: Das obere Ende des Lampenfußes oder das obere Ende des Lampenschirms?

In Wirklichkeit sind beide Linien gleich lang: Durch die unterschiedlichen Winkel der umgebenden Linien wirken sie verschieden.

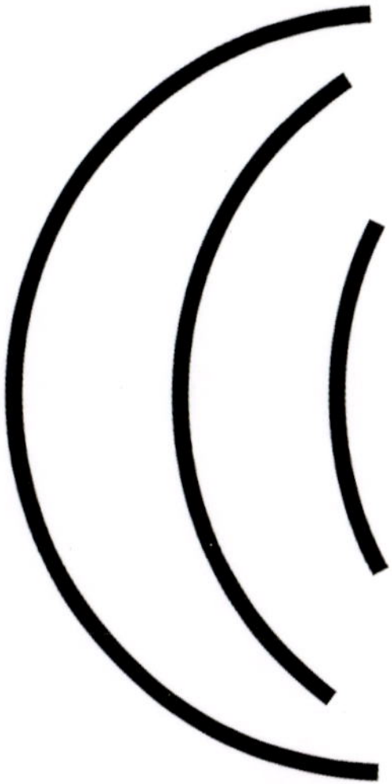

Größter Kreis?

Größter Kreis?

Welcher Ausschnitt gehört zum größten Kreis?

Wenn man beide Seiten so abdeckt, dass alle Ausschnitte gleich lang sind, sieht man, dass alle Bögen Ausschnitte von gleich großen Kreisen sind.

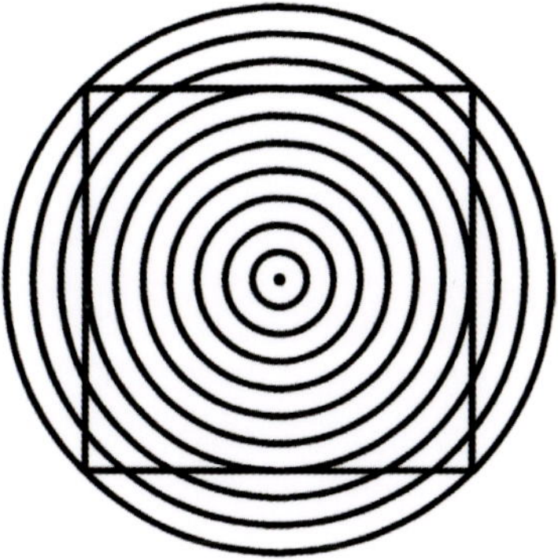

Das verzerrte Quadrat

Das verzerrte Quadrat

Das Quadrat scheint durch jede der Kreislinien gekrümmt zu werden. Der Effekt wird dadurch verstärkt, dass zwischen den Kreisen unterschiedliche Abstände sind.

Auch wenn man weiß, dass die Linien des Quadrats gerade sind – unser Verstand kann die Täuschung des Auges nicht aufheben.

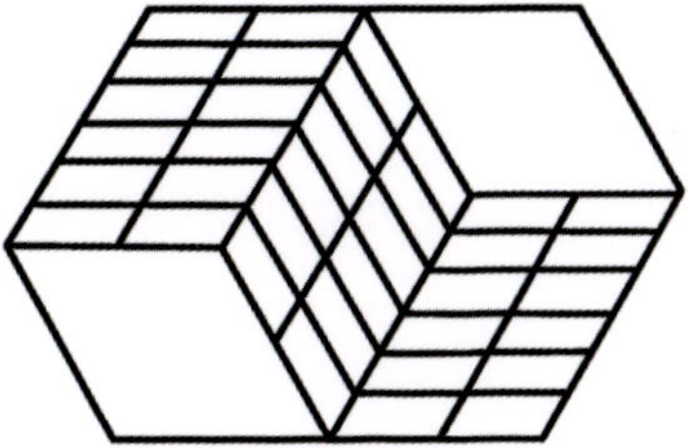

Zwei Würfel

Zwei Würfel

Betrachtet man die Figur von links, sieht man einen Würfel, der nach hinten rechts kippt, betrachtet man die Figur von rechts, kippt er nach vorne rechts.

Die Glühbirne

Die Glühbirne

Diese dunkle Glühbirne kann leuchten, wenn man das Bild ca. 30 Sekunden lang ansieht und dann auf eine weiße Fläche guckt.

Dieser Effekt wird „negatives Nachbild“ genannt. Der Effekt funktioniert je besser, desto heller es ist und desto länger man hinsieht. Durch Augenzwinkern läßt sich der Effekt verlängern.

Das gleiche Phänomen begegnet uns, wenn wir zu lange in die Sonne sehen: Dann erscheint für eine Zeit lang alles Helle schwarz.

Zwei Dreiecke?

Zwei Dreiecke?

Die meisten Menschen sehen hier zwei Dreiecke, die übereinander liegen. Die Figur könnte aber genauso gut ein Trapez und ein Dreieck darstellen.

Wir neigen dazu, vertraute Figuren (wie Dreiecke) zu sehen und auch eindeutige Figuren in bekannte Formen umzudeuten.

Was ist größer?

Was ist größer?

Beide Figuren haben die gleiche Größe – die Größenverzerrung durch Nähe findet also nicht nur bei regelmäßigen geometrischen Formen statt.

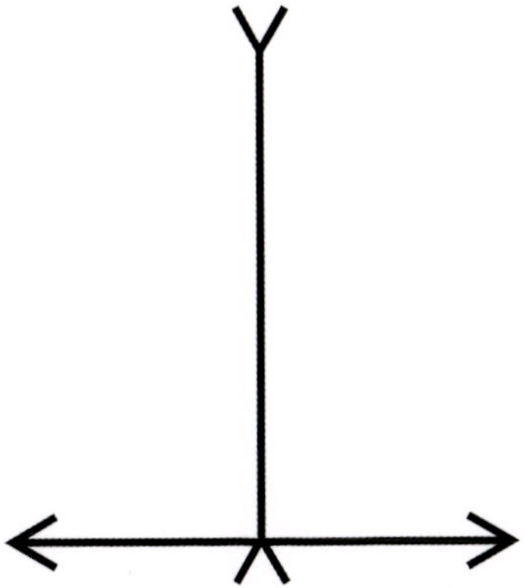

Welche Linie ist länger?

Welche Linie ist länger?

Beide Linien sind gleich lang. Aber wir halten die senkrechte Linie für länger – dieser Effekt beruht darauf, dass unsere Augen sich leichter von links nach rechts als von oben nach unten bewegen.

Die größere Anstrengung, das Auge vertikal zu bewegen, interpretiert unser Denken als größere Distanz. Die Architektur macht sich diesen Effekt in vielen Bereichen zu Nutze.

Was bin ich?

Was bin ich?

Nur ein paar Flecken. Aber wer die Kuh einmal gesehen hat, wird sie immer wieder sehen.

Verzerrtes Fahrrad

Verzerrtes Fahrrad

Figuren, die erst dann „richtig" aussehen, wenn man sie aus einem bestimmten Winkel betrachtet, heißen „anamorphe Figuren".

In diesem bekannten Beispiel gewinnt das perspektivisch verzerrte Fahrrad erst aus dem Blickwinkel eines fahrenden Fahrzeugs heraus wieder seine ursprüngliche Gestalt. Der gleiche Effekt wird für Geschwindigkeitsbeschränkungen und andere Zeichen auf dem Boden benutzt.

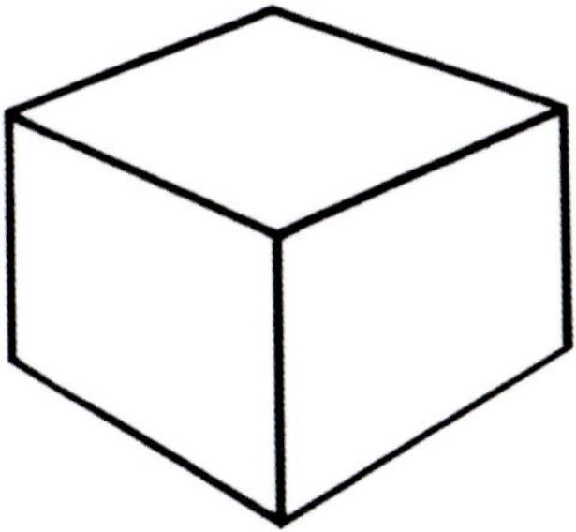

Wie viele rechte Winkel?

Wie viele rechte Winkel?

Auch wenn es danach aussieht, gibt es in dieser Figur keinen einzigen rechten Winkel.

Beim vermeintlichen „Würfel“ handelt es sich um drei zusammengesetzte Parallelogramme. Weil wir aber gelernt haben, dass Würfel aus Quadraten zusammengesetzt sind und diese immer einen rechten Winkel haben, sehen wir sie auch da, wo sie nicht sind.

Graue Flecken

Graue Flecken

An den Kreuzungen der Quadrate entstehen graue Flecken – die aber wieder verschwinden, wenn man sich auf sie konzentriert.

VICTORIA

Victoria

Victoria

Wenn man diese Karte mit dem Wort „Victoria“ auf den Kopf stellt, liest man überraschender Weise wieder das gleiche Wort: „Victoria“.

Schriftzüge, die man aus mehreren Perspektiven lesen kann, nennt man „Ambigramme“.

Ist hier wer?

Ist hier wer?

Was kaum jemand sofort sieht:
In den Flecken verbirgt sich ein Dalmatiner.

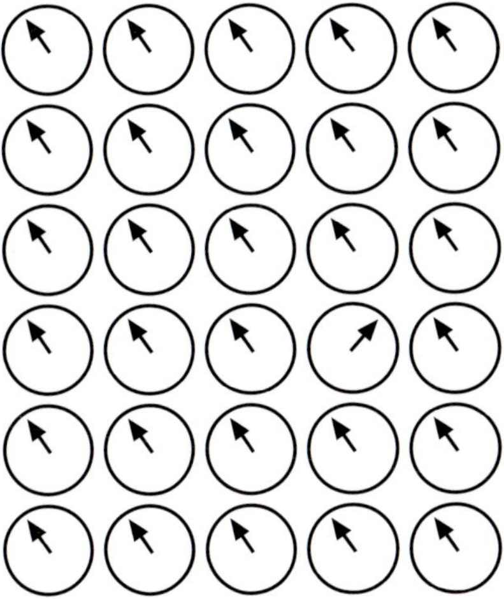

Instrumente

Instrumente

Das abweichende „Instrument" erkennt man sofort – Unregelmäßigkeiten ziehen die Aufmerksamkeit des Auges auf sich. Deshalb werden Kontrollanzeigen so konstruiert, dass sie bei „normalen" Bedingungen immer in dieselbe Richtung zeigen.

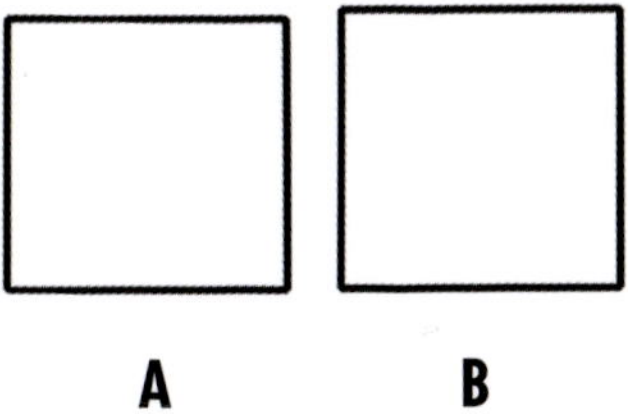

Welches ist das Quadrat?

Welches ist das Quadrat?

Welche Figur ist das perfekte Quadrat?

Obwohl die meisten Menschen A wählen, ist B das perfektere Quadrat. Der Effekt lässt sich damit erklären, dass wir unbewusst die Länge senkrechter Linien überschätzen. Deshalb wirkt das perfekte Quadrat B gegenüber dem vertikal gestauchten A zu hoch.

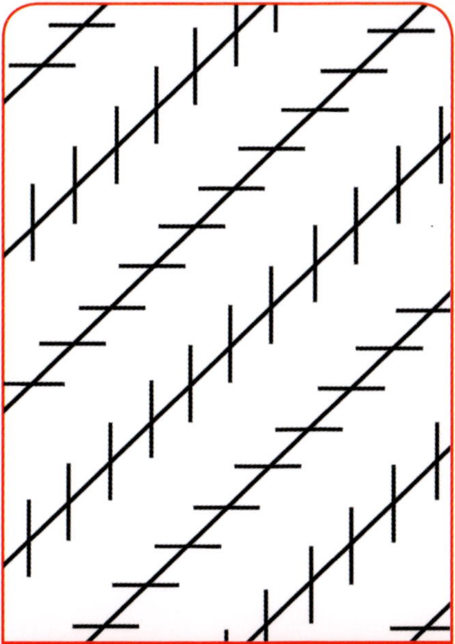

Parallele Linien

Parallele Linien

Alle Linien sind parallel – durch die kreuzenden kurzen Linien werden die langen Linien nach rechts oder links „verzogen".

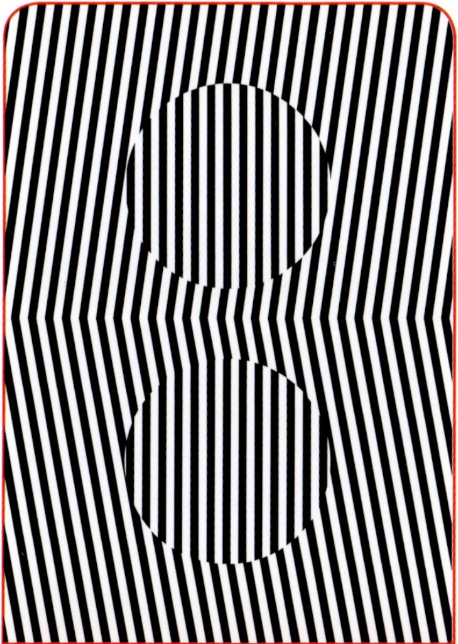

Senkrechte Linien

Senkrechte Linien

Die Linien innerhalb der Kreise sind senkrecht und parallel. Durch die schrägen Linien, die die Kreise umgeben, wird unser Auge dazu verleitet, die Linien innerhalb der Kreise in die Gegenrichtung zu drehen.

Der Effekt hebt sich auf, wenn man die Abbildung leicht gekippt auf sich zu hält.

Delbœuf-Täuschung 1

Delbœuf-Täuschung 1

Die beiden Kreise in der Mitte sind gleich groß – das Auge lässt sich von den umgebenden Figuren in die Irre führen.

Das Phänomen ist seit 1894 als die „Delbœuf-Täuschung“ bekannt.

Geisterfarben

Geisterfarben

Wenn man diese Figur länger ansieht (am besten bei schwachem Licht und leicht gekippt), erscheinen plötzlich farbige Rauten, obwohl die Abbildung nur aus schwarzen Linien besteht.

Es ist noch nicht völlig geklärt, wie diese „subjektiven Farben" entstehen.

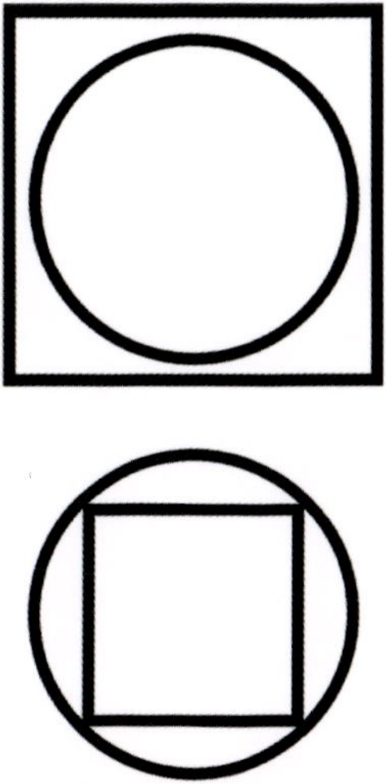

Welcher Kreis ist größer?

Welcher Kreis ist größer?

Beide Kreise sind gleich groß – aber die Größe wirkt unterschiedlich, je nachdem ob der Kreis von einem Quadrat umschlossen wird oder selbst eins umschließt.

Vanitas

Vanitas

Totenschädel oder Frau am Schminktisch? Die Zeichnung „Alles ist vergänglich" stammt aus der Jahrhundertwende und greift die Vanitas-Thematik der Stillleben wieder auf.

Der Totenkopf-Effekt wird stärker, wenn man die Augen unscharf stellt – das Bild von einem Totenkopf ist stärker vorgeprägt und wird schneller assoziiert als das Bild von der Frau vor dem Spiegel.

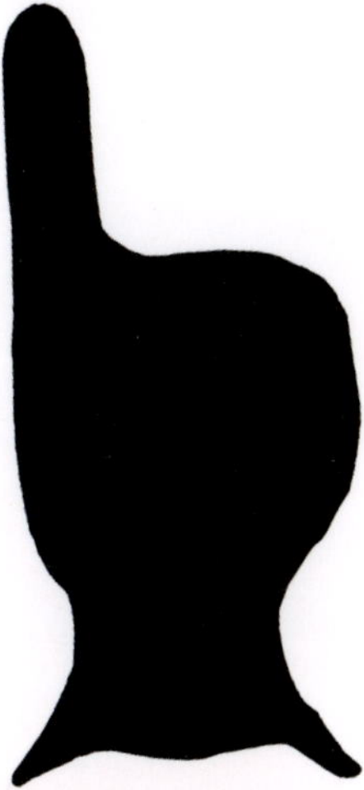

Finger oder Katze?

Finger oder Katze?

Auf den Blickwinkel kommt es an: Dieser Richtungspfeil entpuppt sich als Katze, sobald man die Karte im Uhrzeigersinn dreht.

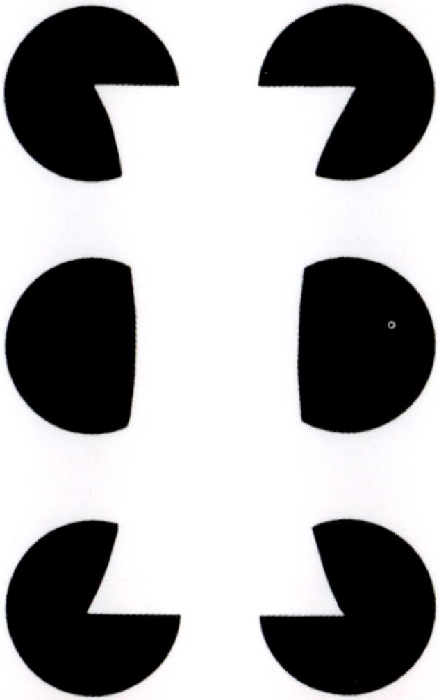

Phantomvase

Phantomvase

Hier sieht man eine gebogene „Vase“, obwohl nur angeschnittene Kreise dargestellt sind.

Unser Auge schafft es nicht, eine gerade Linie von einer Kreisfigur zur nächsten zu ziehen. Wenn man genau darauf achtet, scheint die „Vase“ sogar heller zu sein als der normale Hintergrund.

Der Knick

Der Knick

Hier wechselt nur die Struktur der Kacheln – trotzdem wirkt es so, als sei das Bild in der Mitte geknickt.

Die Junge und die Alte

Die Junge und die Alte

Dies ist eine der berühmtesten optischen Wechseltäuschungen:
In dem Bild kann man eine junge Frau sehen, die den Blick abwendet. Nimmt man das Kinn des Mädchens als Nasenspitze, sieht man eine alte Frau im Profil. Die meisten Menschen sehen zuerst die junge Frau.

Die Zeichnung wurde 1915 in einer Zeitschrift als „Meine Frau und meine Schwiegermutter" veröffentlicht.

Die Zwei

Die Zwei

Ein Klassiker unter den optischen Illusionen.

Was sieht man:
eine Vase oder zwei Gesichter?

Beide Impressionen sind gleich stark und springen deshalb hin und her – je nachdem, was unser Auge uns als Hintergrund oder Vordergrund weismachen will. Diese optische Illusion stammt aus dem Jahr 1915.

China

China

Dieses Schriftzeichen bedeutet auf chinesisch „China". Aber auch wer keine chinesischen Zeichen entziffern kann, wird wissen, was hier geschrieben steht: Man drehe die Karte um 90 Grad nach rechts.

Dieses „Ambigramm" wurde von Sinologen der University of Michigan entworfen.

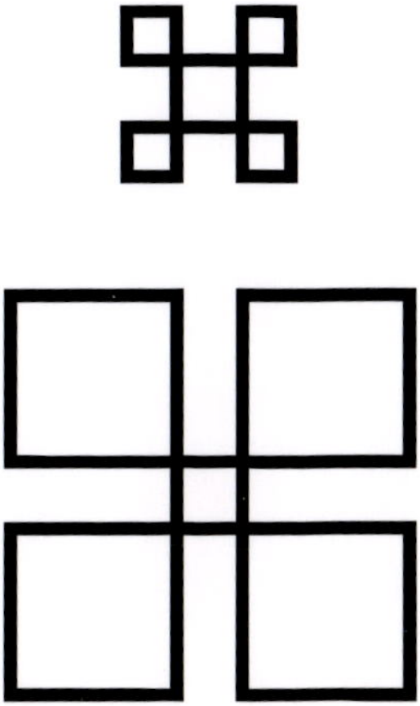

Delbœuf-Täuschung 2

Delbœuf-Täuschung 2

Der Effekt der „Delbœuf-Täuschung" ist in dieser Figur noch stärker: Beide Quadrate in der Mitte sind gleich groß, auch wenn das schwer zu glauben ist.

Wenn man die umliegenden Quadrate abdeckt, sieht man, dass nur deren Größe unser Auge täuscht.

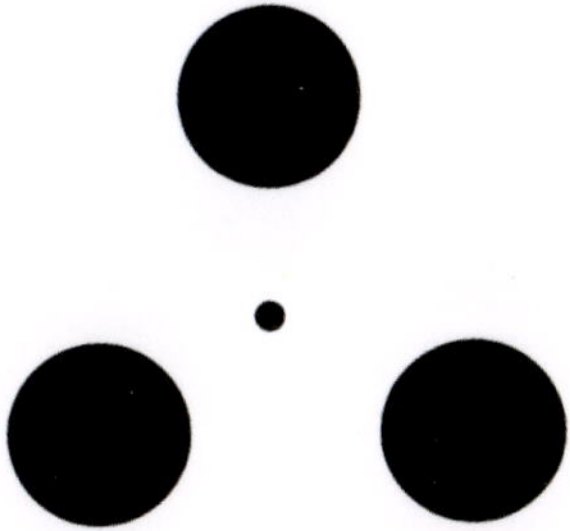

Extraweiß

Extraweiß

Wenn man in dieser Figur den mittleren Kreis für ungefähr eine halbe Minute fixiert, sieht man allmählich einen weißen „Hof", der sich um den Kreis herum bildet. Das Gleiche geschieht nach einer Weile mit den großen Kreisen. Obwohl der Hintergrund schon weiß ist, wirkt die ganze Figur weißer als die Umgebung.

Das liegt an einem unscharfen „negativen Nachbild" der schwarzen Punkte.

Ouchi-Illusion

Die Ouchi-Illusion

Der Ball scheint dreidimensional und vom Hintergrund getrennt auf einer anderen Ebene zu schweben. Der Effekt verstärkt sich, wenn man die Karte bewegt.

Wissenschaftlich kann die Ouchi-Illusion noch nicht ganz erklärt werden – der Effekt könnte an den Kanten des Kreises entstehen, wo die gekrümmten Linien auf die vertikalen Linien im Hintergrund stoßen. Unser visuelles System kann nicht abschätzen, wie lang die Kästchen in diesem Bereich sind.

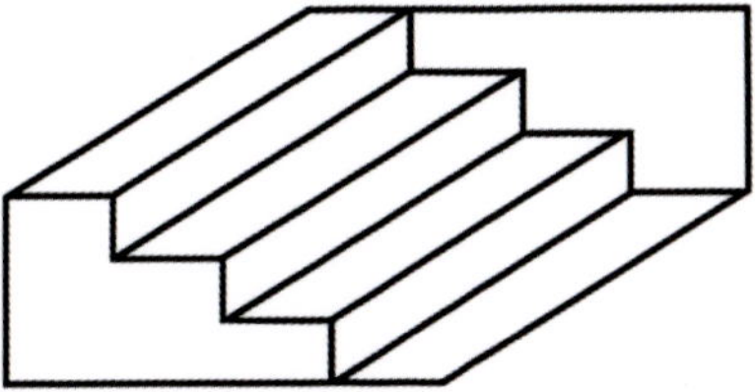

Der Weg nach oben

Der Weg nach oben

Diese Treppe führt immer nach links oben – egal ob man die Karte auf den Kopf stellt oder nicht.

Bekannt ist diese Wechselfigur unter dem Namen „Schroedersche Treppe".

Phantomwürfel

Phantomwürfel

Nur ein paar durchbrochene Kreise – trotzdem sieht man einen dreidimensionalen Würfel. Bei diesem Vexierbild ist es fast unmöglich, nur die Kreise und nicht den (eigentlich nicht vorhandenen) Würfel zu sehen.

Zugleich ist der Würfel ein Inversionsbild: Unser Auge kann sich nicht entscheiden, welche Seite des Würfels näher liegt, die Abbildung springt hin und her. Solche Würfel werden „Neckersche Würfel" genannt.

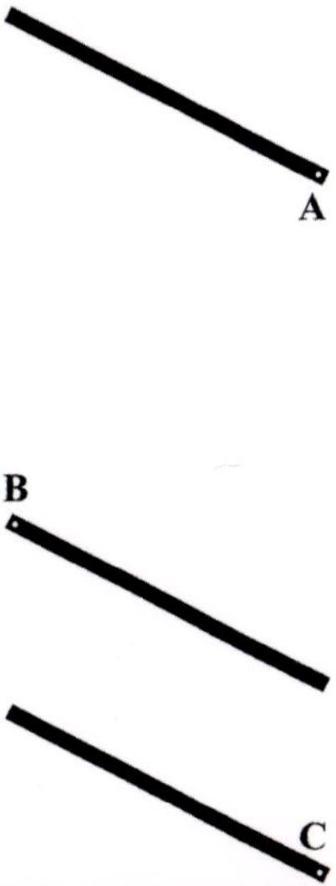

Welche Strecke ist länger?

Welche Strecke ist länger?

Die zwischen den Punkten A und B oder zwischen B und C? Auch wenn es schwer zu glauben ist, sind beide Strecken gleich lang.

Für die Täuschung spielt es keine Rolle, ob – wie hier – die Linien nur in der Vorstellung existieren oder tatsächlich gezeichnet sind.

Der Effekt ist seit 1926 als „Sandorsches Parallelogramm" bekannt.

Familienportrait

Familienportrait

In dieser Abbildung ist eine ganze Familie versammelt: Vater, Mutter und Tochter. Der Vater hat eine große Nase und einen Schnurrbart, die Tochter trägt einen Pelzkragen und die Mutter hat schmale Lippen und ebenfalls eine große Nase.

Alle entdeckt? Die Zeichnung wurde 1968 von einem Psychologen entwickelt.

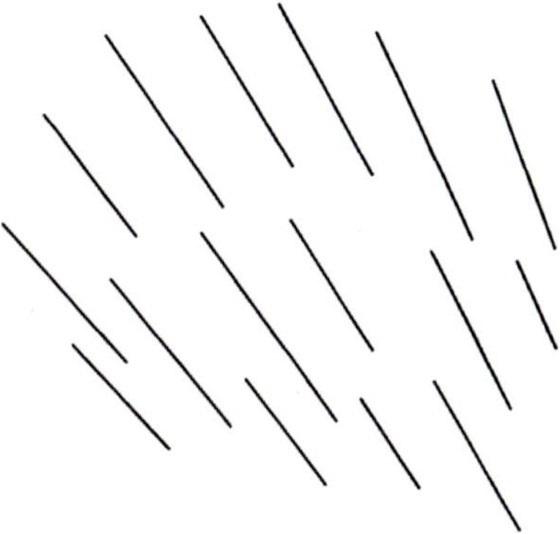

Aufrechte Linien

Aufrechte Linien

Wenn man sich diese Linien verlängert vorstellt, laufen sie alle in einem Punkt rechts unten von der Karte zusammen.

Wenn man die Karte jetzt ein wenig neigt und von diesem Punkt aus mit nur einem Auge anschaut, stellen sich die Linien plötzlich auf und scheinen aus dem Papier zu ragen.

Mosaik

Mosaik

Diese Abbildung sieht aus wie ein unregelmäßiges Mosaik, das nichts bestimmtes darstellt.

Wenn man aber weiß, dass darin ein Gesicht versteckt ist, wird man es nach kurzer Zeit entdecken. Wie bei jedem Vexierbild ist es schwer, nachher das Bild zu betrachten, ohne das Gesicht zu sehen.

Muller-Lyer-Täuschung

Muller-Lyer-Täuschung

Beide Linienabschnitte sind gleich lang – auch wenn unser Auge das nicht glauben will, egal wie lange man das Bild anschaut. Ein Abschnitt kann bis zu einem Drittel länger erscheinen.

Die Täuschung funktioniert sogar auf einem Zentimetermaß, auf dem man klar sehen kann, dass beide Strecken gleich lang sind. Der Effekt wird durch die Länge und den Winkel der Pfeilspitzen beeinflusst.

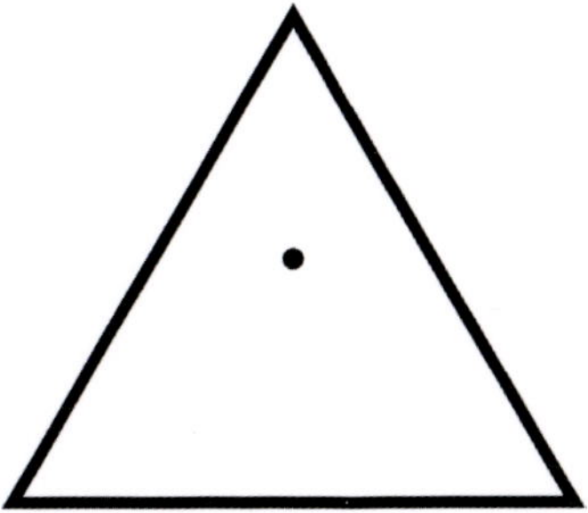

Wo liegt der Punkt?

Wo liegt der Punkt?

Der Punkt liegt genau in der Mitte zwischen Spitze und Grundlinie des Dreiecks, trotzdem sieht es so aus, als läge er näher bei der Spitze.

Das Auge wird dadurch verwirrt, dass die untere Fläche des Dreiecks größer ist und der Punkt im oberen Bereich näher an den Linien liegt.

12

A 13 C

14

B 13

Was wir sehen, wird oft davon bestimmt, was wir erwarten zu sehen. Wenn man die Buchstabenreihe von links nach rechts betrachtet, ist die Figur in der Mitte ganz klar ein B. Wenn man aber die Zahlenreihe von oben nach unten liest, wird das B zur 13.

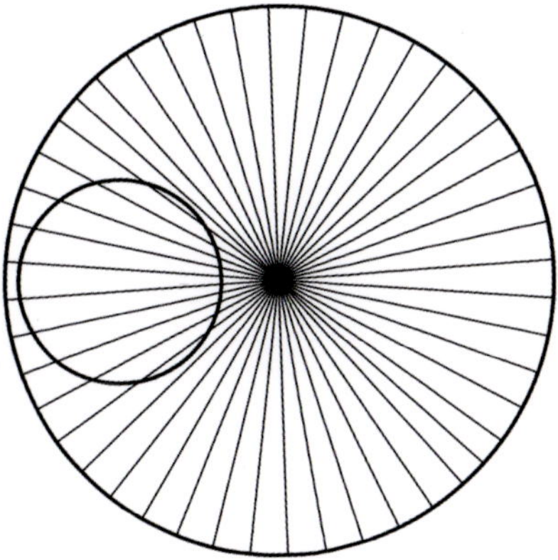

Kreis oder nicht?

Kreis oder nicht?

Beide Kreise sind vollkommen rund – beim kleinen Kreis wird die Wahrnehmung durch die „Speichen“ verzerrt.

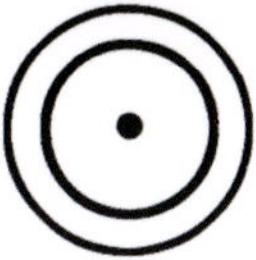

Blinder Fleck

Blinder Fleck

Jedes Auge hat einen „blinden Fleck“: Man kann ihn finden, wenn man die Karte mit wenig Abstand vor sich hält, das linke Auge schließt und mit dem rechten die linke Figur betrachtet.

Vergrößert man jetzt langsam den Abstand, verschwindet irgendwann die Figur auf der rechten Seite. Umgekehrt funktioniert das natürlich auch.

Café-Wand

Café-Wand

Die Café-Wand ist nach einem Café in Bristol benannt, das dieses Kachelmuster hatte. Die Keilförmigkeit der Kacheln ist nur vorgetäuscht: Die Kacheln sind parallel.

Der Effekt entsteht durch den grauen „Mörtel", zu dem sich abwechselnde Kacheln „hinziehen". Je nach der Dicke und Färbung des „Mörtels" ist der Effekt mehr oder weniger stark.

Vögel oder Antilopen

Vögel oder Antilopen

Hier sieht man, wie kleine Veränderungen unsere Wahrnehmung umkehren können.

Obwohl die beiden Zeichnungen fast gleich sind, sehen wir einmal einen Vogelschwarm und einmal eine Antilopenherde. Das lässt sich allerdings auch umdrehen ...

Ein Zylinder?

Ein Zylinder?

Alle Kreisbögen sind gleich groß und parallel.

Trotzdem sieht die obere Hälfte der Figur für viele Leute größer aus – ein Beispiel dafür, wie die einfache Wiederholung einer simplen geometrischen Figur unser Auge täuschen kann.

Scheinbare Bewegung

Scheinbare Bewegung

Wenn man diese Figur mit konzentrischen Kreisen hin und her bewegt, scheinen sich drehende Räder mit Speichen zu bilden.

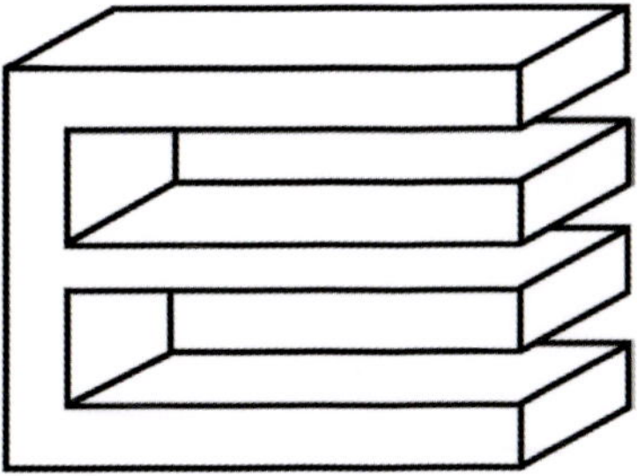

E

E

Von links betrachtet sieht man hier den Buchstaben E.

Von rechts gesehen ergeben sich vier Ebenen – eine unmögliche Figur.

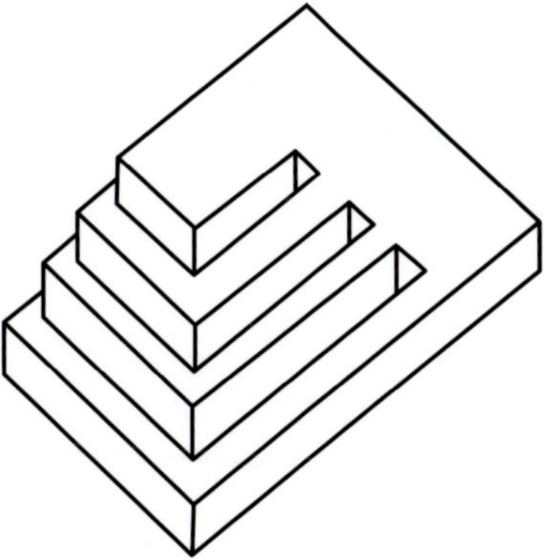

Die Treppe

Die Treppe

Von links gesehen sieht man bei dieser Zeichnung eindeutig eine Treppe mit vier Stufen.

Betrachtet man aber die rechte Hälfte, so sieht man nur eine Ebene mit drei Schächten.

Kinderspiel

Kinderspiel

Wie viele Kinder sind auf der Abbildung zu sehen?

Es gibt zwei Möglichkeiten. Zählen Sie die Köpfe, sind es fünf, zählen Sie die Körper, sind es zehn Kinder.

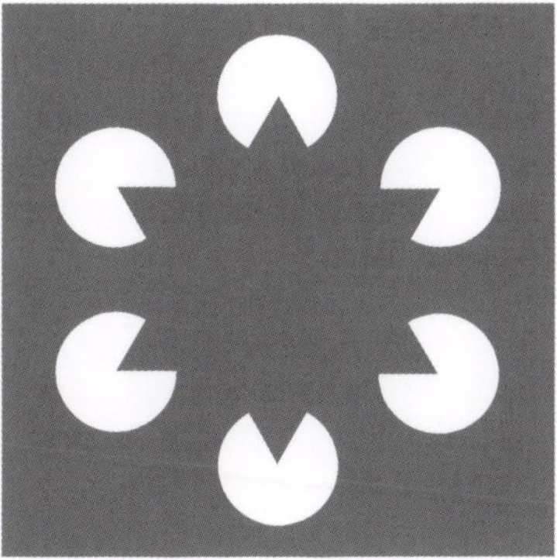

Sternstunde

Sternstunde

Es scheint, als läge ein Stern auf den Kreisen. In Wirklichkeit existiert er gar nicht. Unsere Augen ergänzen die fehlenden Konturen dieses imaginären Sterns.

Die regelmäßig angeordneten schwarzen Kreissegmente erzeugen die Vorstellung von einem Stern. Bilder, die verschiedene Formen vortäuschen, nennt man Vexierbilder.

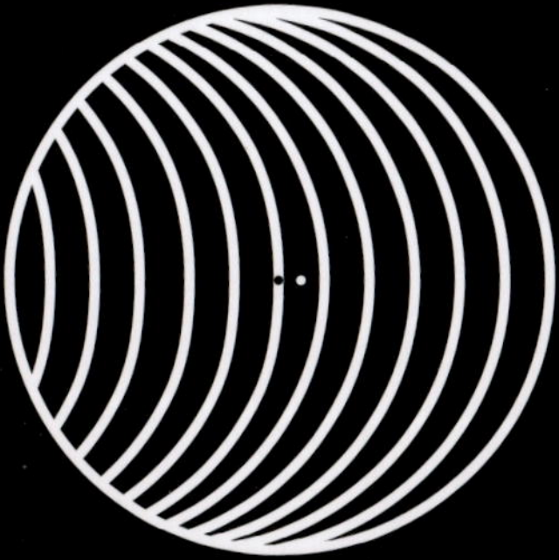

Im Mittelpunkt stehen

Im Mittelpunkt stehen

Welcher der zwei Punkte ist der Mittelpunkt des Kreises?

Obwohl es der weiße Punkt zu sein scheint, ist der schwarze Punkt der Mittelpunkt. Die nach rechts ausgerichteten Bögen ziehen optisch den Mittelpunkt mit sich weiter nach rechts.

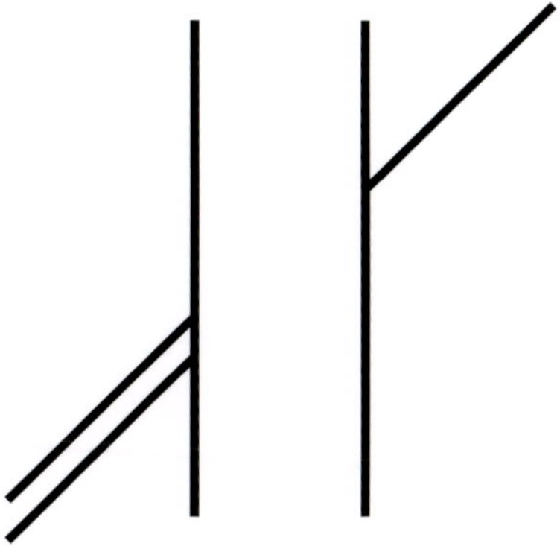

Verlängerung

Verlängerung

Welche der beiden schrägen Linien wird durch die einzelne Linie auf der rechten Seite weitergeführt?

Schauen Sie genau hin, bevor Sie es nachprüfen.

Tierisch

Tierisch

Halten Sie die Karte mit der unteren Kante so vor sich, dass sie in einem 90 Grad-Winkel von Ihrem Gesicht absteht und Sie direkt auf ihre Oberfläche schauen. Sie werden entdecken, dass Ihnen das abgebildete Objekt vertraut ist und dass es einen Text zu lesen gibt.

Diese verzerrten Figuren, die ihre „richtige" Form erst durch einen neuen Blickwinkel erhalten, nennt man anamorphe Figuren.

Wirbelsturm

Wirbelsturm

Betrachten Sie den Mittelpunkt der Abbildung. Führen Sie nun mit der Karte verschiedene Bewegungen aus oder bewegen Sie Ihren Kopf.

Die entstehenden Wirbel um das Zentrum herum erklären sich zum Teil aus der Symmetrie der Achsen, als auch aus der Mischung der beiden Grundfarben Schwarz und Weiß, die durch die enger werdenden Abstände der Strahlen entsteht.

Zirkus-Clown

Zirkus-Clown

Sehen Sie in der Abbildung das Portrait eines Clowns oder haben sie bereits auch die belebte Manege des Zirkus' entdeckt?

Halten Sie die Karte quer, um das bunte Treiben in der Manege besser sehen zu können.

Sechs oder sieben?

Sechs oder sieben?

Sind es sechs oder sieben Würfel?

Beide Antworten sind richtig. Hier eine kleine Hilfestellung: Fällt das Licht von links oben oder von rechts unten auf die Würfel? Je nach Blickwinkel ändert sich die Perspektive und die Anzahl der Würfel.

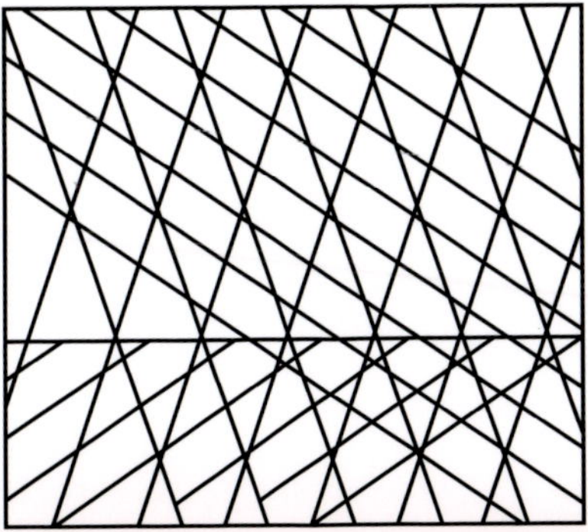

Suchbild

Suchbild

Versuchen Sie, in dem Gewebe aus Linien den abgebildeten Stern zu finden.

Wegen der vielen verschiedenen Flächen, die sich in dem Netz bilden, ist es gar nicht so leicht, das erwünschte Motiv ausfindig zu machen. Ein kleiner Tipp: Der Stern befindet sich in der unteren rechten Ecke.

Erscheinung

Erscheinung

Legen Sie sich ein weißes Blatt Papier zur Seite. Schauen Sie dann circa 30 Sekunden lang intensiv auf den Punkt im Bild, möglichst ohne zu blinzeln. Dann schauen Sie auf das weiße Blatt Papier und klimpern mit den Augen. Und lächeln Sie zurück ... denn die Dame, die auf dem Blatt erscheint, ist Mona Lisa mit ihrem geheimnisvollen Lächeln.

Ihre Augen formen das Negativbild zu einem Positivbild um. Dieses umgeformte Bild heißt Nachbild.

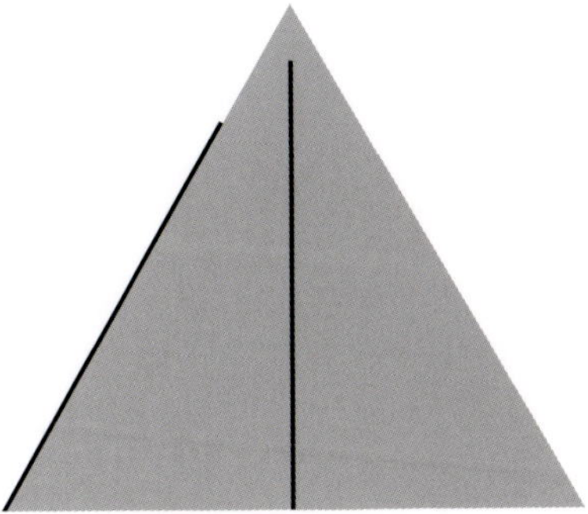

Gipfelsturm

Gipfelsturm

Auf den ersten Blick scheint es klar zu sein: die senkrechte Linie ist länger als die schräge Linie. Richten Sie die geneigte Linie jedoch in Gedanken in eine senkrechte Position, steigt auch ihr Endpunkt, bis er sich auf gleicher Höhe mit dem der senkrechten Linie befindet.

Also sind beide Linien gleich lang.

Versetzt

Versetzt

Unsere Wahrnehmung kann auch bei fehlenden Daten ein Objekt richtig wahrnehmen. Künstler versuchen oft, diese Wahrnehmung zu aktivieren und die Kreativität des Betrachters zu entfesseln.

Sollten Sie das abgebildete Motiv nicht erkennen, setzen Sie sich doch einfach einmal bei Mondschein auf eine Parkbank.

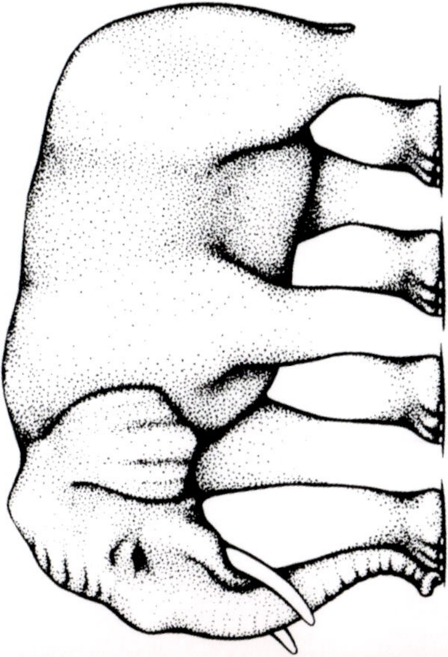

Fortschrittlich

Fortschrittlich

Ob dieser Elefant es auch nur einen Schritt voran schafft?

Egozentrisch?

Egozentrisch?

Das konzentrisch angeordnete Muster bewirkt, dass der Betrachter weiße Kreise von der Mitte nach außen wandern sieht.

Dieser Effekt der „bewegten Bilder“ wurde zum Beispiel in der Kunstrichtung „Op Art“, die in den 60er Jahren in den USA entstand, als künstlerisches Mittel verwendet.

Hin und zurück

Hin und zurück

Welcher Vogel fliegt da durch den Himmel und welche Richtung schlägt er ein? Fliegt hier eine Gans gen Osten oder ein Falke gen Westen?

Beides ist möglich.

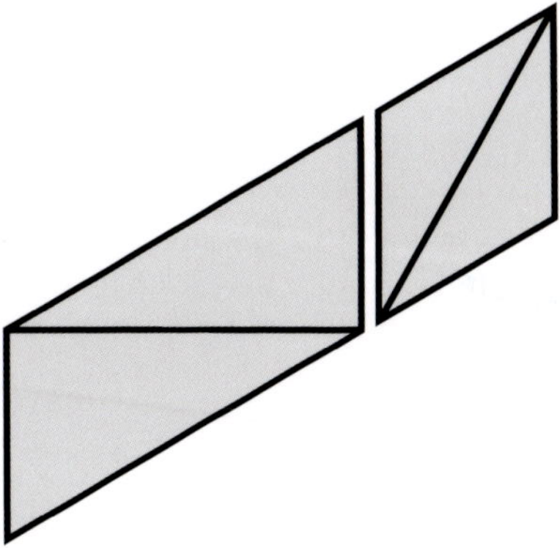

Ungleiches Duett?

Ungleiches Duett?

Welche der beiden Diagonalen ist länger, welche ist kürzer?

Weder noch, sie haben beide die gleiche Länge. Aufgrund der unterschiedlichen Umgebung der Diagonalen wirken sie unterschiedlich lang: Die stumpfen Winkel lassen die Diagonale länger erscheinen (links), die spitzen Winkel lassen sie kürzer wirken (rechts).

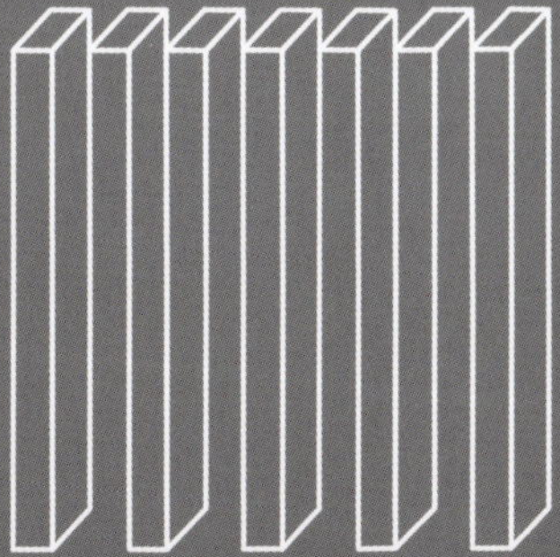

Zahlendreher?

Zahlendreher?

Wie viele Bretter sehen Sie hier? Zählen Sie erst die Anzahl oben und dann die Anzahl unten.

Versuchen Sie doch einmal, die Abbildung nachzuzeichnen.

Hasenente.Entenhase

Hasenente.Entenhase

Je nach Betrachtungsweise können Sie in der Abbildung einen Hasen oder eine Ente erkennen.

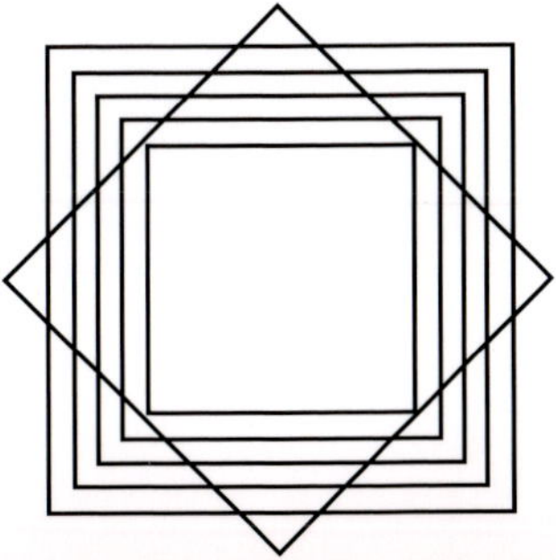

Krumm und schief?

Krumm und schief?

Haben wir es hier mit Quadraten oder schiefen Vierecken zu tun? Läuft das obere Viereck oben schmaler zu? Ist das untere Viereck an den Seiten nach innen gekrümmt?

Weder noch. Die Vierecke sind Quadrate. Linien und Muster, die die Objekte umgeben, sie ausfüllen oder schneiden, verzerren die Wahrnehmung der geraden Linien und der rechten Winkel.

Gut ausgerüstet

Gut ausgerüstet

Sehen Sie weiße oder schwarze Küchenutensilien?

Je nachdem, welche Farbe Sie als Hintergrund wahrnehmen, erkennen Sie andere Gegenstände.

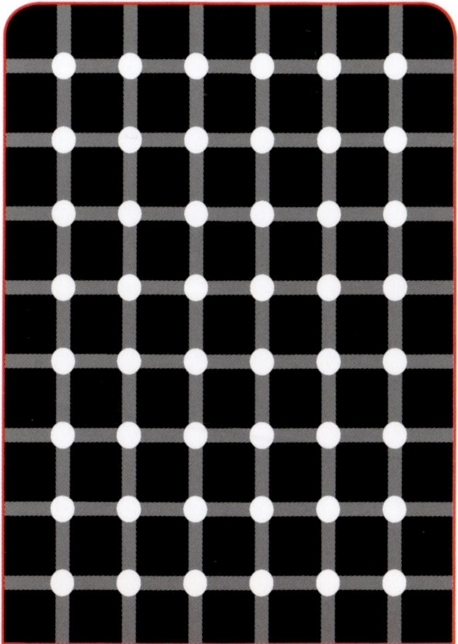

Leuchtreklame

Leuchtreklame

Wenn Sie den Blick über das Bild schweifen lassen, werden sich in den weißen Kreisen schwarze Punkte bilden.

Diese optische Täuschung basiert auf dem Kontrast zwischen Hell und Dunkel.

Sara Nader

Sara Nader

Was haben sie zuerst in der Abbildung gesehen? Einen Saxophonisten oder das Gesicht einer Frau?

Der Stanfort Psychologe Roger Shepard entwickelte 1990 diese optische Täuschung und nannte sie „Sara Nader". Der Name entstand aus dem Spiel mit den Worten „Sara" und „Serenade".

Grau ist Grau?

Grau ist Grau?

Welches der kleinen grauen Quadrate ist das hellste, welches das dunkelste?

Sie haben alle den gleichen Grauwert. Jedoch wirken sie, je nachdem, in welchem farblichen Umfeld sie sich befinden, heller oder dunkler. Gerade bei dem unteren linken und dem oberen rechten Quadrat könnte man sogar meinen, dass die Farbwerte von innen nach außen vertauscht wurden.

Der Kuss

Der Kuss

Was sehen sie in dieser Abbildung?

Zwei Antworten sind möglich. Zum einen zeigt die Abbildung eine dem Betrachter zugewandte Frau. Zum anderen stellt sie ein sich küssendes Paar dar. Links die Frau mit einer Feder im Haar, rechts der Mann, der die Frau in seinen Armen hält.

Haben Sie einmal das Paar entdeckt, ist es schwer, wieder die einzelne Frau zu erkennen. Diese Zeichnung stammt von dem amerikanischen Künstler Jerry Downs.

Bewegtes Bild

Bewegtes Bild

Unsere Augen tasten Bilder ständig nach Informationen ab. Dadurch entsteht der Eindruck, dass sich das Muster bewegt.
So sehr wir uns auch bemühen, wir schaffen es nicht, unsere Augen bei der Betrachtung still zu halten.

Manche Künstler nutzen diesen Effekt für die Wirkung ihrer Bilder.

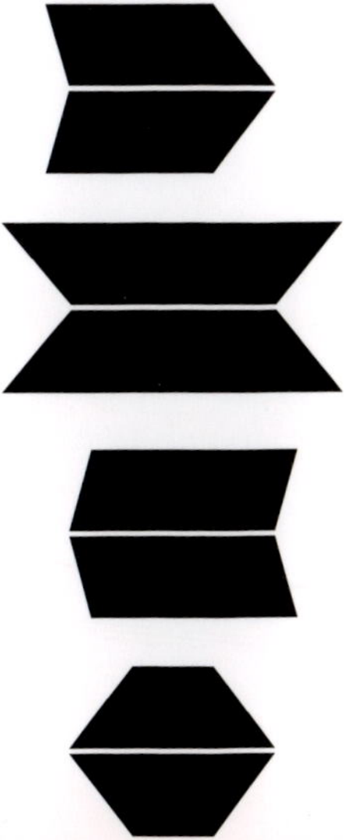

Augenmaß

Augenmaß

Halten Sie die Karte zur richtigen Betrachtung quer. Welcher der abgebildeten Buchrücken ist der längste, welcher der kürzeste?

Schauen Sie genau hin!

Orientierung

Orientierung

Fixieren Sie 30 Sekunden lang den oberen Kreis. Wenn Sie im Anschluss den Blick sofort auf den unteren Kreis richten, werden Sie sehen, dass dieser sich in die Gegenrichtung zu drehen scheint.

Dieser Effekt heißt Orientierungs-Nachbild. Die Netzhaut unseres Auges projiziert das Muster des ersten Kreises auf den zweiten Kreis. Während das erste Muster verblasst, tritt das zweite Muster deutlicher hervor, so dass der Eindruck einer Bewegung entsteht.

Tiefenrausch und Höhenflug

Tiefenrausch und Höhenflug

Drehen Sie die Karte in die eine Richtung, so scheint sich die Spirale auszudehnen, beziehungsweise sich auf den Betrachter zuzubewegen.

Drehen Sie die Karte hingegen in die andere Richtung, wirkt die Spirale so, als würde sie sich zusammenziehen beziehungsweise sich vom Betrachter wegbewegen.

Zick-Zack

Zick-Zack

Liegen die Kreise auf einer geraden Linie übereinander?

Die Zick-Zack-Bewegung des im Hintergrund verlaufenden Bandes drückt die Kreise scheinbar nach links und nach rechts.

Vielseitig

Vielseitig

Zwei Männerportraits sind hier zu sehen. Die Männer schauen den Betrachter aus zwei verschiedenen Richtungen an.

Beim genauen Betrachten werden Sie feststellen, dass die Augenpaare absolut identisch sind. Je nachdem, zu welchem Gesicht sie gehören, scheinen sie nach rechts oder nach links zu blicken.

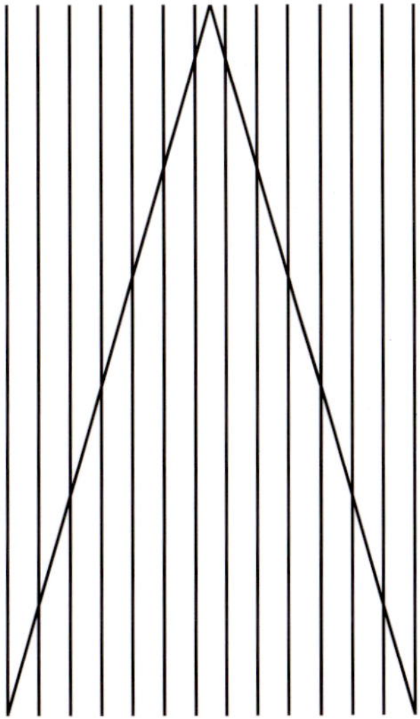

Sti(e)lbruch

Sti(e)lbruch

Die diagonalen Linien scheinen nicht durchgängig zu verlaufen.

Tatsächlich wird dieser Effekt lediglich von den vertikalen Linien erzeugt, da diese die Diagonalen in Winkeln von weniger als 45 Grad schneiden.

Drehwurm

Drehwurm

Was stimmt hier nicht? Versuchen Sie sich diese Zeichnung als dreidimensionales Objekt vorzustellen.

Ein solches „unmögliches" Objekt lässt sich zwar zeichnen, aber nicht nachbauen.

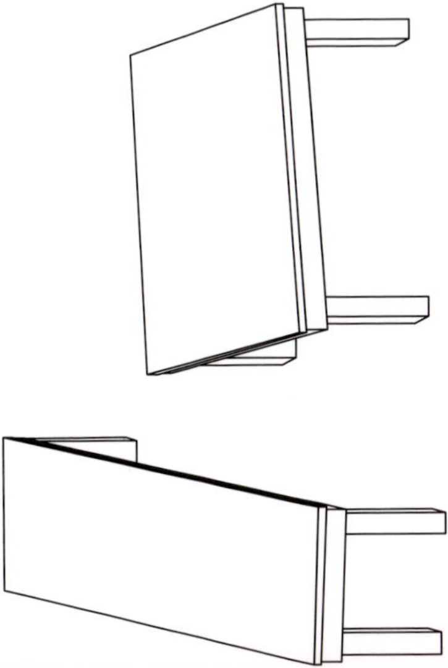

Aufgetischt

Aufgetischt

Drehen Sie die Karte um 90 Grad nach links, um die Abbildung betrachten zu können.

Die beiden abgebildeten Tischplatten sind gleich lang und breit. Durch die perspektivisch unterschiedliche Darstellung wirkt der linke Tisch jedoch wesentlich länger.

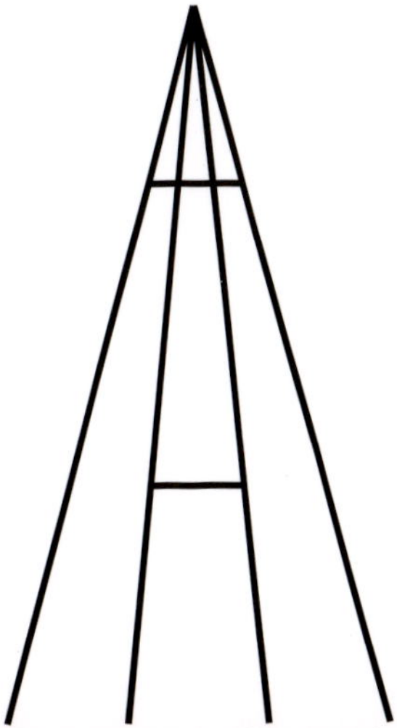

Identisch?

Identisch?

Welche der beiden waagerechten Linien ist länger? Entscheiden Sie, bevor Sie die Lösung lesen.

Beide Linien sind gleich lang, nur scheint die obere wegen der Verjüngung der vertikalen Linien länger.

Der Tod und das Mädchen

Der Tod und das Mädchen

Wenn Sie näher an die Abbildung herangehen, verändert sich die Szene. Dem Betrachter offenbart sich eine doppelte Bedeutung der Situation. Im Hintergrund des fröhlichen Zusammenseins lauert der Tod.

Diese Art der Darstellung nennt man Vexierbild. Viele Künstler haben den Effekt von Vexierbildern genutzt, um den Betrachter mit Mehrdeutigkeit zu konfrontieren.

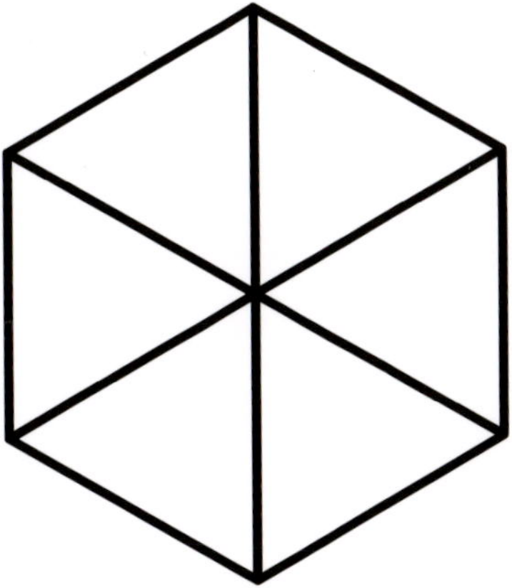

Hexenwürfel

Hexenwürfel

Hexagon oder Würfel?

Je nach Art der Betrachtung können Sie ein Hexagon oder einen Würfel sehen.

Unsere Gewohnheit, perspektivisch zu sehen, und unser Wissen über die Beschaffenheit eines Würfels lassen uns in der zweidimensionalen Zeichnung einen dreidimensionalen Würfel erkennen.

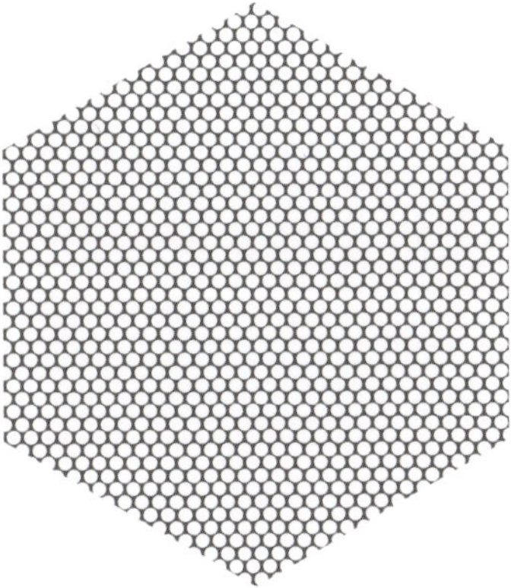

Formwechsel

Formwechsel

Diamanten oder Kreise?

Vergrößern Sie den Abstand zwischen Karte und Augen und die Kreise verwandeln sich in Diamanten.

Rastlose Suche

Rastlose Suche

Die einzelnen Dreiecke sind alle uniform und absolut strukturiert angeordnet.

Unser ruheloses Auge versucht pausenlos, ein Muster im Muster zu finden und festzuhalten. Dadurch entstehen Bewegung und graue Flächen.

Geradlinig

Geradlinig

Hier scheint alles schief und schräg. Sechs gerade verlaufende breite Linien bilden sechs Quadrate. Diese Linien bestehen aus einem schwarz-weißen Schrägmuster.

Verfolgen Sie das Muster einer Linie und Sie werden sehen, dass das Muster an einer Stelle die Richtung wechselt. An eben dieser Stelle scheint das Quadrat zu knicken. Dieser Effekt wiederholt sich mehrmals in jedem Quadrat.

Schauen Sie genau! Alle Linien stehen miteinander in Verbindung.

Streiflicht

Streiflicht

Welches der beiden Objekte hat eine quadratische Form?

Wir vertun uns oft, wenn wir die Höhe oder Breite eines Gegenstandes schätzen sollen. Wir lassen uns von Mustern und Farben täuschen. Obwohl nur das obere quadratisch zu sein scheint, haben beide Formen die gleiche Höhe wie Breite.

Wie es der Volksmund schon sagt:
Querstreifen machen dick.